So lernt mein Kind richtig

60 effektive Tipps für bessere
Leistungen in der Schule

STEPHANIE ALBERT

So lernt mein Kind richtig

60 effektive Tipps für bessere
Leistungen in der Schule

Bibliographische Information der Deutschen Nationalbibliothek: Die Deutsche Nationalbibliothek verzeichnet diese Publikation in der Deutschen Nationalbibliografie; detaillierte bibliografische Daten sind im Internet über dnb.dnb.de abrufbar.

© 2017 Stephanie Albert
Coverbild: ©pixabay.com
Herstellung und Verlag:

BoD – Books on Demand, Norderstedt

ISBN: 978-3-7431-6567-0

„Man kann in Kinder nichts hineinprügeln,
aber vieles herausstreicheln."

Astrid Lindgren

Inhalt

Lernen kann man lernen..9
1. Mama und Papa sind Mutmacher.........................18
2. Ruhezonen schaffen..18
3. Die richtige Reihenfolge..19
4. Langeweile erlauben...19
5. Allein oder mit Hilfe?..20
6. Viel sprechen..20
7. Nur im Notfall eingreifen..21
8. Fester Rhythmus gibt Sicherheit............................22
9. Spielen, spielen, spielen...22
10. Gemeinsamkeiten...23
11. Meiden Sie Vergleiche..23
12. Strafe hilft nicht...24
13. Liebe und Anerkennung..24
14. Richtig dosiert loben...25
15. Clevere Selbstreflexion...26
16. Freundlich im Alltag..26
17. Auf die Qualität kommt es an...............................27
18. Forschen lassen..27
19. Vorbild sein...28
20. Erwartungen haben...28
21. Über Emotionen reden..29
22. Pluspunkt Aufmerksamkeit...................................29
23. Fragen stellen erlaubt..30
24. Spielerisch fördern nebenbei................................30
25. Die Kraft der positiven Gefühle............................31
26. Alleine machen lassen..31
27. Vorlesen..32
28. Wohl dosierter TV-Konsum...................................33

29. Ein Instrument lernen..34
30. Tagträume..35
31. Schlaf schön!..36
32. Nahrung fürs Gehirn..37
33. Kita-Besuch..38
34. Nachhilfe in Maßen..38
35. Lieder, Reime und Gedichte.............................39
36. Sportverein mit Folgen.....................................39
37. Ziele setzen..40
38. Vorsicht vor Aufschieberitis.............................41
39. Bezug zum Alltag..42
40. Auf Noten ist kein Verlass.................................43
41. Mit Rücksicht auf die Konzentration..............44
42. Selber Druck machen..44
43. Die beste Zeit fürs Lernen finden...................45
44. Nachfragen statt Ausreden..............................46
45. Karteikarten..46
46. Lernen trotz Lernstörungen............................47
47. Vorsicht Multitasking..48
48. Selbst entscheiden lassen................................49
49. Pause machen...50
50. Sauerstoff tanken...50
51. Spazieren gehen...51
52. Spickzettel...51
53. Eselsbrücken bauen...52
54. Kannst du mir das erklären?............................53
55. Visualisierung...54
56. *Ich kann das besser alleine*..........................*54*
57. Digitale Lernhilfen..55
58. Wiederholung leicht gemacht.........................55
59. Eigenständig wiedergeben...............................56
60. Gemeinsam geht es leichter............................57

Lernen kann man lernen

„Oh nein, ich muss etwas lernen. Ich habe überhaupt keine Lust. Hilfe, ich verstehe das nicht. Ich kann mich einfach nicht aufraffen. Wenn ich mich bloß besser auf eine Sache konzentrieren würde." Ob Kinder oder Erwachsene – solche Stoßseufzer kennt jede Generation. Wer etwas lernen muss, hockt häufig verzweifelt davor. Denn Lernen ist leider kein Schulfach. Pädagogen erwarten einfach, dass ihre Schüler es beherrschen. Nur wie – wenn sie es nie gelernt haben? Statt sich und die Kinder zu Hause mit Mathe und Vokabeln zu plagen, tun Mütter und Väter gut daran, ihr Schulkind vor allem dabei zu unterstützen, Lernen zu lernen. Wenn das gelingt, klappt alles andere von allein.

Lernen ist heute lebenslänglich gefragt. Die Grundlagen dafür werden schon in der frühen Kindheit gelegt. Lange bevor die Schule beginnt, sind Kinder ständig damit beschäftigt, sich etwas Neues anzueignen. Sie tun das von ganz alleine. Je besser sie dabei gefördert werden, desto leichter haben sie es später. Eltern müssen sich nicht mit frühem Chinesisch oder Kindergarten-Mathe abmühen. Es reicht, wenn sie ihrem Kind ein Zuhause bieten, in dem es sich optimal entwickeln kann. In dem es regelmäßig gefordert, aber nicht überfordert wird, in dem es Dinge ausprobieren und Erfahrungen machen darf. In dem es gut behütet, aber nicht verwöhnt, in dem es gelassen, aber nicht verlassen wird.

Erfolgreiches, konzentriertes, gezieltes und effektives Lernen ist keine Geheimwissenschaft. Ob mit kleinen Maßnahmen im Alltag, den guten alten Eselsbrücken, einer individuell eingerichteten Arbeitsecke oder zeitgemäßen Lerntechniken – mit ein paar Erfolgs-Strategien kann jeder Lernen lernen, bis sich der ersehnte Erfolg einstellt. Der beflügelt dann schnell zu mehr. In einem guten Lernklima, in dem nicht nur stures Pauken gefragt ist, kann sogar Auswendiglernen Spaß machen. Ohne Druck und vor allem ohne Versagensängste.

Auch wenn Kinder sich zu Hause in erster Linie als Lernmuffel zeigen und ihren Eltern damit auf die Nerven gehen, darf man nicht vergessen, dass eigentlich alle Kinder gerne lernen. Die Natur hat das so eingerichtet. Sie belohnt alle Dinge, die überlebenswichtig sind, mit Lustgefühlen. „Da muss bei meinem Kind aber etwas schiefgelaufen sein", werden Sie jetzt vielleicht denken, wenn ihr sonst meist fröhliches Kind mal wieder missmutig vor seinen Hausaufgaben hockt und jammert. Aber führen Sie sich einmal vor Augen, wie das Kind sich verhält, wenn es ein neues Computerspiel beherrschen will. Wie es herausfindet, was man mit einem coolen Smartphone alles kann, – dann grenzt das schon an Übereifer. Hoch engagiert, willensstark und konzentriert probiert es so lange herum, bis es sein Ziel erreicht hat. Das meiste lernen Kinder unbewusst. Einfach so nebenbei, ohne Qual und Anstrengung, ohne loszuziehen, um etwas zu lernen.

Schon als Babys sind die Kleinen erkennbar begeistert, wenn ihnen etwas Neues gelingt. Sie kämpfen regelrecht darum, etwas zu schaffen, das sie bisher noch nicht geschafft haben. Und wenn sie das nicht dürfen, reagieren sie mit Gebrüll. Sie versuchen es immer wieder. Selbst gegen Widerstände. Sie fallen hin, stehen wieder auf und machen weiter – bis sie endlich laufen können. Sie lernen das aus eigener Kraft. Die Eltern können anfangs ein bisschen Hilfestellung geben. Doch sie müssen ihrem Krabbelkind nicht das Gehen beibringen.

Mit dem Schulanfang geht diese Begeisterung leider sehr oft verloren. Lernen zu müssen – das nimmt häufig die Freude. Kinder, die noch nicht wissen, wie Lernen eigentlich geht und die erwarteten Leistungen deshalb nicht bringen, fühlen sich schlecht, hören Sätze wie „Du bist doch nur zu faul", glauben, sie wären zu dumm und sind dadurch zu blockiert, um überhaupt anzufangen. Sie geben sich auf. Zu Hause ist Zoff um die Hausaufgaben vorprogrammiert.

Um erfolgreich zu lernen, müssen die Bedürfnisse des Gehirns mit einer raffinierten Mischung aus Herausforderung und Machbarkeit (nicht zu viel und nicht zu wenig) bedient werden. Das Gehirn will sich nicht langweilen, aber es mag auch keine dauernde Überforderung, damit es optimal denken und lernen kann. Außerdem schreit es regelrecht nach Belohnung. Es möchte positive Gefühle in Form von Erfolgserlebnissen. Das kennen wir alle: „Wenn mich etwas interessiert oder Spaß macht, lerne ich es ganz leicht."

In den meisten Familien bleibt das ein ewiger Kampf. „Hast du deine Hausaufgaben gemacht? Tust du genug für die Schule? Warum schaffst du das nicht alleine? Warum muss das Thema jeden Tag neu verhandelt werden?" Auch wenn jedes Kind und jede Familie anders ist, ähneln sich die Probleme. Das Kind hat keine Lust, also wird gemahnt, gebeten, gebettelt, geschimpft, aufgefordert. Ist es dann endlich am Schreibtisch, ist noch lange nichts geschafft. Die Tochter oder der Sohn ist bockig, findet wichtige Sachen nicht, muss erst noch was anderes erledigen, hat plötzlich etwas vergessen, wird trotzig, der Streit geht weiter – bis einer schreit. Wenn die Fronten dann verhärtet sind und nur noch Trotz und Gegenwehr erzeugen, muss ein teuer bezahlter externer Berater, ein Nachhilfelehrer, her.

Auch Kinder, bei denen die Hausaufgaben nicht zu Wutausbrüchen führen, haben Probleme. Sie wissen nicht weiter, brauchen Hilfe, haben Lücken, die gefüllt werden müssen. Aus der Perspektive eines Erwachsenen scheint das ganz einfach: Du musst rechnen, schreiben und lesen können. Kinder sehen das nicht so. Ebenfalls ganz einfach. Sie haben andere Bedürfnisse. Argumente wie „Du musst doch später mal einen guten Beruf haben" lassen sie relativ kalt. „Später" liegt für sie in unendlich weiter Ferne. Die Bedürfnisse heute liegen woanders. Um das zu berücksichtigen, sollte man sich mit der Frage beschäftigen, was Menschen motiviert, etwas zu tun. Was sie erfolgreich antreibt, muss fundamentale Bedürfnisse befriedigen. Die bestehen erst einmal aus allem, was einfach überlebenswichtig ist: Essen, trinken, schlafen. Doch das allein reicht nicht zum Überleben. Jeder Mensch braucht eine Gemeinschaft, Kinder brauchen Nähe und enge Beziehungen zu anderen – zuerst zu Erwachsenen, später zu anderen Kindern. Sie wollen kompetent sein und Kontrolle über ihr Leben haben. Unangenehmes vermeiden, sich wohlfühlen, Glück, Freude und Lust erleben und alles vermeiden, was wehtut oder zumindest unangenehm ist. Kinder (und Erwachsene übrigens auch) sind immer auf der Suche nach Liebe und Anerkennung, nach Bestätigung fürs Selbstwertgefühl und nach Zugehörigkeit zu einer Gemeinschaft. Wenn eine Familie es schafft, genau diese Grundbedürfnisse mit Lernen in Verbindung zu bringen, gelingt auch das Lernen.

Die Voraussetzungen dafür sind nicht immer optimal. Auf der einen Seite gibt es immer mehr Kinder, die zu Hause kaum Fürsorge erfahren und dringend Förderung brauchen. Auf der anderen übertreiben Eltern es mit Lernprogrammen für Kleinkinder, um bloß nichts zu verpassen. Wie finde ich das richtige Maß? Was ist sinnvoll? Was lasse ich besser sein? Eltern stehen immer wieder vor solchen Fragen. Denn die Wissenschaft konnte inzwischen belegen, dass die wichtigsten Grundlagen für die spätere Intelligenz schon früh im Baby- und Kindergartenalter gelegt werden. Lehrer in der ersten Klasse müssen Schulanfänger mit Entwicklungsunterschieden von bis zu drei Jahren unterrichten. Kommen zwei gleichaltrige Kitakinder in die Schule, kann es gut sein, dass eins dem anderen um etwa diese Zeit voraus ist. Manche kleinen Schlauköpfe rechnen munter im Zahlenraum zwischen eins und zwanzig; andere kennen noch keinen einzigen Buchstaben.

Amerikanische Forscher haben im Rahmen der Studie „Die frühe Katastrophe" mit Kindern aus verschiedenen Milieus ermittelt, dass ein gut umsorgtes Kind aus einer gebildeten Familie in den ersten drei Lebensjahren 30 Millionen Wörter mehr hört als ein vernachlässigtes. Diese Kluft ist später kaum noch aufzuholen.

Trotzdem können Kinder aus benachteiligten Familien von gezielter Frühförderung ein bisschen profitieren. Das so genannte Perry-Preschool-Project in Michigan (USA) zeigte bereits in den sechziger Jahren die große Bedeutung für die Entwicklung. Vorschulkinder aus afroamerikanischen Familien durften unter fachkundiger Anleitung in kleinen Gruppen spielen, malen und experimentieren. Vierzig Jahre später ging es diesen Kindern deutlich besser als denen, die nicht so gefördert wurden. Sie verdienten mehr Geld, lebten in stabileren Familien und kamen seltener mit dem Gesetz in Konflikt. Die Herkunft bestimmt also auch weiterhin die Zukunft. Der

Einfluss der Eltern auf die Lernfreude der Kinder ist offenbar so groß, dass keine Kita und keine immer wieder reformierten Bildungspläne das ausgleichen können. Es geht dabei nicht in erster Linie um frühes Schreiben oder um das Beherrschen der Grundrechenarten – denn das ist lernbar, und dafür ist die Schule da. Entscheidend ist die Fähigkeit, etwas wahrzunehmen und es sich anzueignen. Die entsteht bereits im Mutterleib und wird danach vor allem im Austausch mit den Eltern weiterentwickelt.

Anhand von Hirnstrommessungen bei Babys lässt sich feststellen, dass schon Ungeborene Laute wahrnehmen, die sie später identifizieren können. Nach der Geburt werden Nervenzellen miteinander verbunden. Wenn Eltern ihren Babys viel Aufmerksamkeit, Zuneigung und Anregungen geben, bilden sich besonders viele Verbindungen. Bei vernachlässigten Kindern hingegen bleibt die Hirnrinde dünner. Allerdings ist nicht alles von Umwelt und Elternhaus geprägt. Ungefähr 20 Prozent ihrer Intelligenz erben Kleinkinder. Je früher das Gehirn gut „gefüttert" wird, desto besser kann es später seine Leistungsfähigkeit steigern. Auch der Umgang mit gleichaltrigen Kindern fördert die Entwicklung. Wer schon in der Kindergartenzeit mit anderen zusammenarbeiten, deren Gefühle wahrnehmen und berücksichtigen kann, der kommt auch im Berufsleben schneller weiter.

Wie lernen Kinder heute am besten? Alles, was ein Kind erfährt, muss es verarbeiten. Damit das neu erworbene Wissen vom Kurzzeit- ins Langzeitgedächtnis gelangt, kommen Schüler um Auswendiglernen, Wiederholen und Vertiefen nicht herum. Sie lernen aber nur effektiv, wenn sie den Stoff auch verstehen. Alles andere wäre lediglich reines Pauken, das nicht nachhaltig hilft. Selbstverständlich sollten Eltern der Versuchung widerstehen, ihren Kindern einfach die Hausaufgaben zu machen. Sie dürfen aber helfen, indem sie Anregungen für die Arbeitsplanung geben, das Kind bei der Organisation unterstützen und dafür sorgen, dass es ungestört arbeiten kann. Lassen Sie Ihr Kind ruhig verschiedene Lernstrategien ausprobieren. Denn dabei kann es selbst erfahren, wie es effizient arbeitet. In diesem Buch geht es um die Grundlagen, die schon in frühen Lebensjahren gelegt werden. Zusätzlich werden die besten Motivations- und Lerntipps leicht verständlich vorgestellt.

1. Mama und Papa sind Mutmacher

Mut machen? Dazu gehört alles, was unter den Begriff „Stärkung der Persönlichkeit" fällt. Keiner kennt ein Kind so gut wie seine eigenen Eltern. Deshalb wissen die am besten, was es schon beherrscht und wo es noch Hilfe braucht. Sie können Mut machen, motivieren und Begeisterung wecken, indem sie immer wieder zu Dingen anregen, die dem Nachwuchs Spaß machen und ihn weiterbringen. Und indem sie loben statt zu schimpfen.

2. Ruhezonen schaffen

Ein Schulkind braucht einen Ort, an den es sich ungestört zurückziehen kann – auch dann, wenn es kein eigenes Zimmer hat. Ein Schreibtisch, der nur für Hausaufgaben gedacht ist und vom Kind selbst ordentlich gehalten wird, lässt sich in jeder Wohnung gut einrichten. Wenn das Kind am Schreibtisch sitzt und seine Hausaufgaben macht oder für eine Prüfung lernen muss, ziehen Eltern sich am besten zurück (sofern das Kind ohne Hilfe klarkommt). Auch sollten sie störende Geschwister fernhalten. Wichtig: Kinder dürfen ihren Arbeitsplatz selbst gestalten.

3. Die richtige Reihenfolge

Das Kind trödelt herum, kommt nicht so recht in Fahrt und lässt sich immer wieder mal ablenken? Überlegen Sie, was Ihr Kind besonders gut kann. Tut es sich zum Beispiel mit den Schreibaufgaben noch sehr schwer, schlagen Sie ihm vor, erst einmal die Mathe-Hausaufgaben zu machen, die ihm leichter fallen. Oder die Aufgaben herauszusuchen, die in wenigen Minuten fertig sind. So hat das Kind schnell ein Erfolgserlebnis und kann sich dadurch gestärkt an die größeren Herausforderungen machen.

4. Langeweile erlauben

Bloß nicht langweilen? Das gilt keineswegs. Freizeitgestaltung darf nicht in Stress ausarten. In dem guten Glauben, ihr Kind möglichst viel zu fördern, verplanen Eltern häufig jeden Nachmittag, damit keine Leere aufkommt. Dabei ist es für die Entwicklung eines Kindes viel besser, auch mal Langeweile und Muße zu haben. Vor allem in den Ferien dürfen Schüler in den Tag hineinleben, trödeln, herumhängen und sich selbst etwas ausdenken, wenn sich die Frage stellt: Was könnte ich heute machen? So entsteht Kreativität.

5. Allein oder mit Hilfe?

Hausaufgaben machen, den Schulranzen packen, wichtige Dinge nicht vergessen – all das sollten Kinder bald allein schaffen. Wer es ihnen abnimmt, schadet mehr als dass er hilft. Lediglich die Hausaufgaben kontrollieren, Anregung zur Chaos-Vermeidung in Mappen und Heften geben, nachfragen, ob alles verstanden wurde – solche kleinen Jobs dürfen Eltern übernehmen. Aber sie sind weder die Hilfslehrer noch Hausaufgaben-Macher. Kurzfristiges Auf-die-Sprünge-Helfen ist erlaubt, langfristige Dauer-Unterstützung aber kontraproduktiv.

6. Viel sprechen

Mit den Kindern reden, beobachten, wie sie das Gesagte aufnehmen, zuhören, auf die Meinung der Kinder eingehen – je genauer die Kommunikation ist, desto besser können die Kleinen später lernen. Bekommen sie hingegen nur kurze Befehle, die Gehorsam statt einer Antwort verlangen, bleiben die kommunikativen Fähigkeiten auf der Strecke. Kinder, mit denen viel geredet wird, entwickeln bessere Fähigkeiten zum Denken und werden selbstbewusster.

7. Nur im Notfall eingreifen

Ein Schulanfänger kritzelt Bildchen aufs Papier, weil er gerade keine Lust zu seinen Mathe-Hausaufgaben hat. Die Eltern erinnern ihn daran, dass er in einer halben Stunden verabredet ist und bis dahin bitte fertig sein soll. „Mist", grummelt das Kind und erkundigt sich mit einem verschmitzten Lächeln: „Kannst du mir das nicht mal eben schnell machen?" Das sollten die Eltern besser nicht, aber sie fragen nach: „Wo hakt es denn?" Gar nicht so leicht zu beantworten. Also erklärt der Sohn erst einmal: „Mathe ist doof." Gemeinsam sehen Eltern und Kind ins Mathebuch mit den Aufgaben. Mama oder Papa erklären, wie es geht und lassen ihren Sohn dann alleine rechnen. Eltern müssen keineswegs regelmäßig eingreifen. Die beste Hilfe besteht nämlich meist darin, nicht zu helfen. Zumindest nicht direkt. Und wenn sie helfend einspringen, sollten sie das nur an dem Punkt tun, an dem das Kind alleine nicht weiterkommt.

8. Fester Rhythmus gibt Sicherheit

Achten Sie auf einen klar strukturierten Tagesablauf mit regelmäßigen gesunden Mahlzeiten. Das gilt auch in der Schule. In der Freizeit sollte viel Bewegung auf dem Programm stehen. Draußen herumtoben, Gleichaltrige treffen, Sport treiben, pünktlich ins Bett gehen, genug schlafen und zeitig aufstehen – auch das ist sinnvolles Fördern.

9. Spielen, spielen, spielen

„Jetzt ist die Zeit des unbeschwerten Spielens vorbei. Der Ernst des Lebens beginnt." Wer so denkt, wird einem Kind im Grundschulalter nicht gerecht. Nach wie vor fördert Spielen die Entwicklung von Mädchen und Jungen in ganz wichtigem Maße. Ob Rollenspiele im Kinderzimmer, Entdeckungs-Touren in der Natur oder Herumtoben im Garten – wer sich viel bewegt, mit natürlichen Materialien umgeht, frei spielt, malt und bastelt und kindgerecht mit Gleichaltrigen kommuniziert, schafft Voraussetzungen im Gehirn, die Lernen und Konzentrieren erst möglich machen. Deshalb gehören Spielen-Lassen und Natur-Erleben zu den wichtigsten Frühförderungs-Maßnahmen überhaupt.

10. Gemeinsamkeiten

Ob Gespräche beim Essen am Tisch, der gemeinsame Weg zu Fuß zum Turnen, ein Ausflug mit der ganzen Familie, Reisen und Alltagsrituale, bei denen alle Zeit füreinander haben, Probleme besprechen, sich gegenseitig gut zuhören und aufeinander eingehen – solche Dinge fördern auch die Lernfähigkeit. Kinder, die das zu Hause erleben dürfen, trainieren jeden Tag Verhaltensweisen, die auch fürs Lernen wichtig sind. Gemeinsamkeiten fördern die Meinungsbildung.

11. Meiden Sie Vergleiche

Die beste Freundin der Tochter schreibt nur Einsen? „Nimm dir doch mal ein Beispiel an ihr." Ein solcher Satz ist schnell gesagt. Doch was nützt er, wenn ein Kind gar nicht weiß, wie es eine Eins schreiben soll? Wettbewerbe fördern nur, wenn Kinder gleiche Talente haben und selbst die Herausforderung suchen. Geht das aber von den Eltern aus, fühlt ein Kind sich schnell überfordert und ungerecht behandelt. Statt andere als Vorbild hinzustellen, sollte das Kind sich selbst zum Maßstab machen. Denn langfristig ist es nur bei Dingen gut, die ihm Spaß machen.

12. Strafe hilft nicht

„Was, du hast eine schlechte Note geschrieben? Zur Strafe gibt's diese Woche kein Taschengeld." Solche Maßnahmen bringen bei Schulstartern nichts. Durch die Schande einer schlechten Beurteilung ist das Kind schon genug bestraft. Statt noch mehr gedemütigt, muss es jetzt motiviert werden, sich zu verbessern. Sehen Sie sich schlechte Arbeiten zusammen mit Ihrem Kind genau an. Woran ist es gescheitert? Wer kann ihm das erklären? Sprechen Sie mit der Lehrerin: Was sollte das Kind genau üben? Machen Sie ihm Mut, dass es beim nächsten Mal besser wird, indem Sie ihm den Weg dahin zeigen.

13. Liebe und Anerkennung

„Gleichgültig, was du tust, – unsere Liebe ist dir sicher." Wenn es gelingt, einem Kind dieses gute Grundgefühl zu vermitteln, kann nicht mehr viel schiefgehen. Das heißt nicht, dass Eltern ihren Nachwuchs unkritisch einfach immer nur loben sollten. Sie dürfen Verhaltensweisen ruhig kritisieren, dem Kind erklären, wie es besser geht, dann beobachten, ob das Kind es tatsächlich besser macht, – und dann loben.

14. Richtig dosiert loben

Ihren eigenen Namen gut leserlich schreiben? Das findet eine Sechsjährige babyleicht. Wird sie dafür übermäßig gelobt, nimmt sie die Anerkennung zwar als kurzfristige Stärkung des Selbstbewusstseins mit, kommt aber nicht weiter. Denn sie erfährt nicht, dass es lohnt, sich zu verbessern. Also ist es besser, das Kind an eine schwierigere Aufgabe heranzuführen und den Versuch zu loben, auch wenn er scheitert. Wer merkt, dass allein die Bemühungen schon zählen, wird auf längere Sicht mehr lernen. Wer hingegen nur wiederholt, was er ohnehin schon kann, untergräbt die eigene Lernfähigkeit. Nahezu blindes Loben ist nicht förderlich. Kinder mögen es zwar, und es funktioniert auch eine Zeitlang zuverlässig. Doch es kann dazu führen, dass das Kind nur noch etwas tut, wenn es dafür gelobt wird. Wichtiger ist aber, dass es von alleine aus seiner eigenen inneren Motivation heraus lernt.

15. Clevere Selbstreflexion

Das machen auch Top-Sportler und Berufstätige, wenn sie Großes vorhaben. Eltern können ihre Kinder beim Ins-Bett-Gehen zu einer kleinen Selbstreflexion anregen. Nehmen Sie sich jeden Abend ein paar Minuten Zeit für ein Gespräch: Was ist heute besonders gut gelungen? Was war nicht schön? Wie lässt sich das vielleicht ändern? Hat alles geklappt mit den guten Vorsätzen? Was hat dich geärgert? Worüber hast du gelacht? Forscher konnten feststellen, dass sich Leistungen um 22,8 Prozent verbessern, wenn man sich jeden Tag 15 Minuten Zeit zum Reflektieren über sich selbst nimmt.

16. Freundlich im Alltag

Kinder mit besonders freundlich zugewandten Müttern und Vätern schreiben nicht nur in jungen Jahren bessere Noten. Sie haben auch eine größere Chance, später Akademiker zu werden, zeigt eine Studie. Es ging in der Untersuchung nicht um die Frage, ob ein kleines Kind schon Mathestunden oder Fremdsprachenunterricht hatte, sondern darum, wie die Eltern im Alltag mit ihm umgehen.

17. Auf die Qualität kommt es an

Qualität vor Quantität. Nicht die Dauer des Zusammenseins zählt, sondern die Intensität und die Gefühle zwischen Eltern und Kindern bestimmen die Wirkung. Verbringen Familien zum Beispiel viele Stunden miteinander, während jeder nur auf sein Smartphone starrt und alle gestresst sind, hat das negative Folgen fürs Lernverhalten. Ein gutes Miteinander hingegen zeigt schon Wirkung, wenn die Eltern nur eine Stunde in aller Ruhe mit ihren Kindern verbringen, in der sie ihnen ihre volle Aufmerksam widmen.

18. Forschen lassen

Was passiert, wenn ...? Kinder brauchen Gelegenheiten, zu experimentieren, zu forschen und Dingen auf den Grund zu gehen. Erwachsene sollten darauf achten, dass ihr Nachwuchs dazu genug Gelegenheiten hat. Dabei dürfen die Großen ruhig Anregungen geben, sollten die Kleinen aber nicht bevormunden. Kleine Kinder brauchen keine vorgefertigten Experimentierkästen. Für sie sind schon ein Häufchen Sand, ein Löffel und ein bisschen Wasser tolle Forschungsgegenstände, die in aller Ruhe erkundet werden.

19. Vorbild sein

Wenn Kinder etwas Neues lernen, orientieren sie sich lieber an Erwachsenen als an Gleichaltrigen. Vor allem kleine Kinder sehen das Verhalten und die Regeln der Großen als vorbildlich und vertrauenswürdig an. Auch in ihrer Einstellung zum Lernen haben Eltern deshalb Vorbildfunktion. Was später die Karriere betrifft, gilt das vor allem für Mädchen. Haben die zum Beispiel eine berufstätige Mutter, schaffen sie einer Studie der Harvard Business School zufolge später eher einen höheren Schulabschluss, verdienen mehr und steigen auch schneller auf als Töchter von Hausfrauen.

20. Erwartungen haben

Ob hohe Erwartungen an die Kinder gut oder schlecht für die allgemeine Entwicklung sind, sei dahin gestellt. Wissenschaftler fanden aber heraus, dass Kinder, deren Eltern viel erwarten, auch dementsprechend viel schaffen. Denn die meisten Mädchen und Jungen streben ein Leben lang danach, die Wünsche ihrer Eltern zu erfüllen. Wenn die Eltern-Erwartungen machbar sind, kann das durchaus förderlich sein.

21. Über Emotionen reden

Kinder sollten früh ermuntert werden, ihre Gefühle zu zeigen und darüber zu sprechen. Denn so lernen sie am besten, mit Emotionen umzugehen. Das funktioniert, indem Eltern zuhören, sich dem Kind zuwenden, Blickkontakt mit ihm aufnehmen und nachfragen, wenn ihnen etwas unklar ist. Wenn die Großen signalisieren „Wir interessieren uns für dich", fällt es den Kleinen leichter, ihre Emotionen in Worte zu fassen und sie dadurch besser zu verarbeiten. Wer zum Beispiel ein bisschen Frust ertragen kann, ohne auszurasten oder aufzugeben, kommt beim Lernen und später im Job schneller weiter.

22. Pluspunkt Aufmerksamkeit

Wer als kleines Kind von seinen Eltern im Alltag genug Aufmerksamkeit bekommt, wird es später in der Schule und im Leben einfacher haben. Eine Studie zeigt, dass die Kinder besonders aufmerksamer Eltern nicht nur im Unterricht und im Studium mehr leisten, sondern auch als Erwachsene in ihren Beziehungen bessere Karten haben und häufiger glücklichere und gesündere Partnerschaften eingehen.

23. Fragen stellen erlaubt

„Mama, ich habe da einmal eine Frage!" Willkommen in der Welt der schlauen Kinder. Nachfragen ist die beste Methode, um sich Wissen anzueignen. Deshalb sollten Erwachsene es schon früh fördern. Auch wenn die Kleinen mit Warum-Fragen nerven, dürfen sie nicht unterbunden werden. Eltern merken meist schnell, ob das Kind nur zum Zeitvertreib warum fragt oder ob es tatsächlich ein Wissensbedürfnis hat.

24. Spielerisch fördern nebenbei

Geben Sie Ihrem Kind zwischendurch ruhig immer wieder kleine Aufgaben. Wer zum Beispiel lesen lernt, kann unterwegs Schilder entziffern. Oder beim Vorlesen mal in die Rolle des Vorlesers wechseln. Wer rechnen üben soll, darf im Supermarkt überschlagen, was der ganze Einkauf wohl kosten wird. Auch scheinbar lästige Dinge wie Hilfe im Haushalt, Gassigehen mit dem Hund oder das Aufräumen des eigenen Zimmers bringen Kinder in ihrer Entwicklung voran. Wer dabei lernt, Verantwortung zu übernehmen und Herausforderungen zu bewältigen, überträgt das aufs Lernen und geht zielstrebiger ran.

25. Die Kraft der positiven Gefühle

Wenn ein Kind die Erfahrung macht, dass ihm etwas durch eigene Anstrengung gelingt, springt sein inneres Belohnungssystem an. Es werden Botenstoffe ausgeschüttet, die zu Glücksgefühlen führen. Diese Freude macht Lust auf mehr und motiviert aus eigenem Antrieb. Ganz anders ist das bei Angst. Gerät ein Kind unter Druck, entwickelt es Abwehrmechanismen und kann nur sehr begrenzt etwas Neues aufnehmen. Das Lernen funktioniert dann lediglich im Sinne von Konditionierung. Der Lernprozess verschlechtert sich.

26. Alleine machen lassen

„Ich kann das schon alleine!" Bereits Kleinkinder verspüren den dringenden Wunsch, etwas ganz allein zu schaffen. Kein Wunder, Erfolg macht schließlich stolz und selbstbewusst. Deshalb sollten Kinder so oft wie möglich die Gelegenheit haben, etwas ohne die Hilfe von Erwachsenen zu machen, sobald sie in der Lage dazu sind. Das bezieht sich nicht nur auf körperliche Herausforderungen. Auch sinnvolle und wichtige Entscheidungen sollten Kinder ihrem Alter entsprechend alleine treffen dürfen.

27. Vorlesen

Dem Kind etwas vorzulesen und sich gemeinsam mit ihm einer Geschichte zu widmen, macht vor allem unter Vierjährige schlau. Sie werden dabei nicht nur klüger, sondern auch mitfühlender und glücklicher als andere Kinder, denen nicht vorgelesen wird. Eine Studie über die Folgen des Vorlesens zeigt auf, wie bedeutend die Beschäftigung mit Büchern und Geschichten für Kinder ist. Etwa 70 Prozent der Acht- bis Zwölfjährigen aus verschiedenen Bildungsschichten bekommen gute Deutschnoten, wenn Erwachsene ihnen als kleine Kinder jeden Tag etwas vorgelesen haben. Auch in anderen Fächern wie Kunst oder Biologie schneiden Bücherfreunde besser ab. Wer durch Vorlesen früh an Inhalte herangeführt wird, weist später einen um sechs Punkte höheren Intelligenzquotienten aus.

28. Wohl dosierter TV-Konsum

Klar, Kinder gucken gerne fern. Das darf auch sein, sollte aber gut dosiert werden. Zu viel TV-Konsum stört das Lernen, denn Fernsehgucken verursacht Stress. Das bestreiten die Vielseher zwar meist, doch eine Studie aus Freiburg konnte bestätigen, dass Kinder vor der Flimmerkiste gestresster sind als in der Schule. TV strengt an, regt auf, führt zu schlechtem Schlaf. Viele Kinder hocken in ihrer Freizeit vier bis fünf Stunden vorm Fernseher. Sie verbringen dort also mehr Zeit als im Unterricht. Was sie beim Lernen aufnehmen, landet zunächst im Kurzzeitgedächtnis und müsste danach in den Langzeitspeicher, damit es später abrufbar wird. Dieser Vorgang dauert etwa zwölf Stunden. In dieser Zeit kommt es darauf an, was das lernende Kind erlebt. Besonders aufregende Szenen blockieren das. Wird ein Schüler von einem (oder mehreren) Filmen in den Bann gezogen, kann das, was sich im Kurzzeitgedächtnis befindet, nicht weiterverarbeitet werden. Es wird stattdessen einfach verdrängt.

29. Ein Instrument lernen

Musik macht schlau. Diesen Satz hört man immer wieder. Dabei ist nicht klar, ob das Musizieren einen Menschen intelligent macht oder ob intelligente Leute mehr musizieren. Fest steht jedenfalls, dass Kinder Musik mögen. Kein Wunder, wenn sie sich gerne Musik anmachen und das als Lernhilfe deklarieren. Ganz so einfach ist es allerdings nicht. Denn es ist nicht das Zuhören, das die Lernfähigkeit fördert. Schulleistungen können sich in erster Linie durch aktives Musizieren verbessern. Eine Studie ergab: Schon bei zwei Musikstunden pro Woche schnitten Schüler auch in Mathe, Deutsch und Englisch besser ab als Gleichaltrige, die nur eine Wochenstunden Musik hatten. Wer mindestens vier Jahre lang selbst musiziert, kann sich meist besser konzentrieren, ist kreativer und auch sozial kompetenter. Wer schon vorm siebten Geburtstag ein Instrument lernt, verfügt über einen besseren Informationsaustausch zwischen beiden Hirnhälften, der das Lernen erleichtert. Denn Musizieren fordert das Gehirn auf komplexe Weise heraus. Hören, Sehen, Fühlen, Bewegen und Koordinieren müssen miteinander verbunden werden. Auch für die Allgemeinbildung ist Musikerziehung förderlich.

30. Tagträume

„Aufwachen Träumerchen! Sonst kannst du doch nichts Neues lernen." Das gilt nicht immer. Denn Tagträume lassen sich prima zum Lernen nutzen, wenn sie nicht vom Unterricht ablenken. Wer in der Mathestunde Luftschlösser baut statt aufzupassen, wird in der Regel zu Recht ermahnt. Am verträumten Gesichtsausdruck erkennt der Lehrer sofort, dass ein Schüler nicht mehr bei der Sache ist. Doch in der Pause, in der Freizeit und in Wartezeiten zwischendurch ist es erlaubt, in die eigenen Gedanken zu versinken. Tagträume sind so etwas wie Krafttanken für die Seele. Darauf sollten phantasiebegabte Kinder nicht verzichten. Denn dabei können einem sogar Lösungen für sehr schwierige Probleme einfallen. Kleine Träumer bereiten sich mental auf Konflikte vor, führen im Geiste Gespräche, begeben sich gedanklich in Situationen, die entweder entspannen oder bei der Lösung eines Problems helfen. Schüler, die die Fähigkeit des Tagträumens beherrschen, suchen im inneren Rollenspiel nach Argumenten – eine gute Übung, um langweilige Wartezeiten zu überbrücken. Träume sind wie ein Training für ein leichteres Leben und wirken wie eine kleine Meditation zwischendurch.

31. Schlaf schön!

Schlau im Schlaf? Das klingt zumindest wunderbar bequem. Tatsächlich kann guter Schlaf das Lernen leichter machen. Während wir schlummern, arbeitet das Gehirn auf Hochtouren. Oft verbraucht es sogar mehr Energie als am Tag, denn es lernt in der Nacht. Mit Hilfe von Studien konnte bewiesen werden, dass der Tipp „Schlaf ausreichend" wirklich ein Lerntipp ist. Was ein Kind am Tag lernt, fließt nachts ins Gehirn ein und wird dort gespeichert. Wichtig: Im Kinderzimmer sollten alle künstlichen Lichtquellen ausgeschaltet sein. Auch das Smartphone bleibt im Sleepmodus. Wer es ans Bett legt, um bloß nichts zu verpassen, erholt sich schlechter. Außerdem stört das blaue Licht von LED-Bildschirmen das Schlafhormon Melatonin, was zu Störungen beim Einschlafen führen kann.

32. Nahrung fürs Gehirn

Zwar kann sich kein Kind einfach klug essen, doch die richtige Ernährung hilft dem Gehirn auf die Sprünge und unterstützt das Denken. Ideal ist ein Frühstück mit Vollkornmüsli und Obst. Als Snack am Vormittag eignen sich Äpfel, Birnen und Bananen oder ein Mix aus Nüssen und Trockenobst (Studentenfutter). Auch das klassische Butterbrot gehört in die Snackbox und ist besser als Süßigkeiten oder Traubenzucker zwischendurch. Cola oder andere zuckerhaltige Softdrinks sind ebenfalls keine gute Nahrung fürs Gehirn, auch wenn Schüler auf die aufputschende Wirkung verweisen. Zucker regt das Gehirn leider nur kurzfristig an und führt längerfristig zu Übergewicht. Er geht schnell ins Blut, lässt die Leistung danach aber ebenso schnell wieder abfallen. Am besten trinken Schüler Wasser oder Saftschorlen mit einem hohen Wasseranteil.

Übrigens: An dem Spruch „Ein voller Bauch studiert nicht gern" ist etwas dran. Wenn der Körper sich mit der Verdauung beschäftigt, muss er die Hirnaktivitäten herunterfahren. Direkt nach einer Hauptmahlzeit ist deshalb keine gute Zeit, um zu lernen. Vor Prüfungen sollte man nicht zu viel essen.

33. Kita-Besuch

Von gezielter Förderung im Vorschulalter profitieren vor allem sozial benachteiligte Mädchen und Jungen, die zu Hause wenig Anregungen bekommen. Mit einer fördernden Tagesbetreuung steigt ihr Intelligenzquotient um bis zu sieben Punkte. Das gilt allerdings nicht für unter Dreijährige. Die brauchen statt Förderung vor allem Fürsorge, emotionale Sicherheit und Betreuer, die zuverlässig verfügbar sind.

34. Nachhilfe in Maßen

Wenn das Zeugnis schlecht ist, stellt sich die Frage: Braucht unser Kind Nachhilfe? Wenn ja, wie viel? In welchen Fächern? Wie lange? Aus der Sicht von Pädagogen kann Nachhilfe sinnvoll sein, wenn das Kind länger krank war oder im Unterricht Hemmungen hat, die es beim Lernen blockieren. Mehr als zwei Fächer sollte das nicht betreffen. Vor allem darf es nicht zu Bequemlichkeit führen („ich muss ja gar nicht aufpassen. Das lasse ich mir lieber von meinem Nachhilfelehrer erklären"). Das Kind sollte wissen: Diese Hilfe ist nur vorübergehend. Auch wenn das Lernen zu Hause mit den Eltern immer wieder zu Konflikten führt, kann externe Hilfe sinnvoll sein.

35. Lieder, Reime und Gedichte

Leichter fällt das Lernen, wenn es mit Sprüchen, Reimen, Gedichten, Liedern oder rhythmischen Bewegungen unterstützt wird. Eltern sollten keine Angst haben, albern zu wirken, wenn sie ihren Nachwuchs dazu anregen. Für Kinder ist das so etwas wie ein freiwilliger Förderkurs, von dem sie gar nicht genug bekommen können. Werden abstrakte Zusammenhänge mit den passenden Rhythmen, Liedern oder Bewegungen verknüpft, setzt sich das Gelernte besser im Gehirn fest. Wer beim Lernen seinen ganzen Körper einsetzt, begreift schneller.

36. Sportverein mit Folgen

Selbst scheinbare Kleinigkeiten haben in den ersten Jahren des Lebens große Wirkung. Eine Studie der Universität Bochum zeigte, dass Kinder, die im Verein Sport treiben, bevor sie in die Schule kommen, nur halb so oft Sprachprobleme hatten wie Kinder ohne Vereinsanschluss. Dabei ist es nicht in erster Linie der Sport, der schlau macht, sondern die Tatsache, dass die Eltern sich intensiver mit ihrem Kind beschäftigen, wenn sie sich darum kümmern, dass es Sport treibt.

37. Ziele setzen

Wer genau weiß, wofür er etwas tut, kommt besser voran. Denn er ist sich darüber im Klaren, dass es sich lohnt, etwas zu lernen. Für kleine Kinder sind Ziele wie „Dann wirst du es später einmal besser haben" noch sehr weit weg. Kurzfristige Ziele helfen ihnen besser: „Wenn du alles fertig hast, gucken wir heute Abend gemeinsam einen Film." Damit sich das System nicht so schnell abnutzt (schließlich kann es nicht jeden Abend einen Film geben), können Sie auch mit Sammelpunkten arbeiten. Ist eine Aufgabe gut erledigt, gibt es einen Punkt oder einen Smiley. Kommt bis zum Wochenende eine bestimmte Anzahl von Smileys zusammen, folgt die Belohnung. Ältere Schüler können sich ihre Ziele selber setzen. Große Ziele, die anfangs unbewältigbar erscheinen, sollten dann in kleine Teilschritte zerlegt und in einem Zielplaner notiert werden. Ebenfalls förderlich: Die Schüler sagen nicht „Ich muss", sondern „Ich will". Das führt zu einer besseren inneren Einstellung.

38. Vorsicht vor Aufschieberitis

Auch Kinder haben schon einen inneren Schweinehund, wenn Anstrengungen gefordert sind. Und der kann ganz schön groß sein. Schüler neigen genauso wie Erwachsene dazu, alles Mühsame aufzuschieben, solange noch genug Zeit ist. In Sachen rechtzeitig Lernen fehlt ihnen noch die Routine. Und dann bricht meistens am Vorabend des lange angekündigten Mathetests Panik aus. Ein eigener Lernplan kann das verhindern: Betrachten Sie mit Ihrem Kind zusammen rechtzeitig alles, was gelernt werden muss. Danach wird der Stoff in kleine Häppchen zerlegt, die gut zu schaffen sind, solange das Kind dranbleibt und jeden Tag zumindest ein bisschen macht. Wird dann immer noch munter verschoben („ich habe ja auch morgen und übermorgen noch Zeit"), helfen Zeitpläne, die bis ins Detail genau vorgeben, was wann gemacht wird.

39. Bezug zum Alltag

Trockene Schulstoffe sind schwierig zu lernen. Wenn es aber gelingt, über eine Mathe-Aufgabe einen Bezug zum Alltag herzustellen, sind Kinder schnell dabei. Zum Beispiel: Statt der Aufgabe 12 geteilt durch 4 heißt es dann: Stell dir vor, hier sitzen vier Hunde in deinem Zimmer, und du hast zwölf Würste. Wie viele bekommt jeder Hund, wenn alle die gleiche Menge fressen sollen? Weil höchstwahrscheinlich gerade nicht zufällig vier Hunde und zwölf Würstchen im Haus sind, kann das Kind die Aufgabe mit vier Stofftieren und zwölf Stiften auch nachspielen. Selbst für Vorschüler, die noch nicht rechnen können, lassen sich Alltagsaufgaben finden, die die Lernfähigkeit nebenbei fördern: Passende Socken zusammensuchen, Bausteine nach Farben ordnen, das Besteck aus der Spülmaschine holen und richtig in die Besteckschublade sortieren.

40. Auf Noten ist kein Verlass

Über die Frage, ob Schulnoten das Lernen fördern oder blockieren, wird immer wieder erbittert gestritten. Studien belegen, dass es nicht sinnvoll ist, die Leistungen einzelner Kinder per Note miteinander zu vergleichen. Schulnoten dienen vor allem der Selektion, was für die Leistungen einer ganzen Klassen nicht förderlich ist, sagen die Noten-Gegner. Zensuren haben nichts mit Lernen zu tun. „Aber die Kinder müssen doch wissen, wo sie stehen", argumentieren die Notenverfechter. Das erfahren die Schüler auch aus Berichten und Feedback von Lehrern. „Unsere Tochter möchte aber unbedingt Noten", fordern manche Eltern beim Elternabend. Meist beruht das auf einem Missverständnis. Wenn Grundschüler angeblich selbst Noten wollen, gehen sie davon aus, dass sie nur gute Noten bekommen. Klar, dass das Spaß macht. Schlechte Noten hingegen demotivieren entsprechend.

41. Mit Rücksicht auf die Konzentration

Erwachsene haben beim Thema Konzentration oft unrealistische Erwartungen. Richtig gut können Schulanfänger sich nur ein paar Minuten lang konzentrieren. Bei leichteren Konzentrationsübungen sind Fünf- bis Siebenjährige nicht länger als etwa 15 Minuten bei der Sache. Zehnjährige schaffen ungefähr 20 Minuten. Tätigkeiten wie Vokabeln lernen funktionieren deshalb am besten, wenn die Kinder in drei zehnminütigen Blöcken lernen, zwischen denen dann jeweils eine kurze Pause liegt.

42. Selber Druck machen

Klar, dass das Lernen nicht nur Spaß machen kann. Ganz ohne Druck geht es nicht. Ob die Erfolge sich dadurch erhöhen, hängt vom Alter und von der Persönlichkeit des Kindes ab. Je jünger es ist, desto schlechter klappt es meistens mit Druck. Jugendliche können damit besser umgehen. Am besten ist es, wenn sie sich selbst in angemessenem Ausmaß Druck machen und der nicht von außen kommt.

43. Die beste Zeit fürs Lernen finden

Jedes Kind hat seinen eigenen Biorhythmus. Ansagen wie „Du musst deine Aufgaben sofort erledigen, wenn du nach Hause kommst" sind nicht unbedingt förderlich. Vielleicht will das Kind sich nach einem anstrengenden Tag in der Schule erst einmal ausruhen. Ist es dann nach einer Stunde wieder fit, könnte Mathe auf seinem Plan stehen, danach die Vokabeln, die abends vorm Ins-Bett-Gehen noch mal wiederholt werden. Denn vor dem Einschlafen ist das Gehirn besonders aufnahmefähig. Zumindest dann, wenn es danach nicht mit einem dramatischen, emotionalen Erlebnis fertig werden muss. Gleichgültig zu welcher Uhrzeit – das Lernprogramm muss an einem Tag zu schaffen sein. In den ersten Grundschulklassen sollten die Hausaufgaben nicht länger als eine halbe Stunde dauern. In den Klasse drei und vier ist eine Stunde angemessen.

44. Nachfragen statt Ausreden

Das Kind sitzt genervt vor seinen Heften und kommt einfach nicht voran. „Du bleibst sitzen, bis du fertig bist", mahnt die Mutter. Doch damit hilft sie ihrem Kind nicht weiter. Wenn sie feststellt, dass das Kind durchhängt, weil es in der Schule zu große Wissenslücken hat, weil ihm die Aufgaben einfach zu schwer sind oder es nicht versteht, was zu tun ist, darf es am nächsten Tag mit den unfertigen Aufgaben in die Schule und beim Lehrer nachfragen. Wichtig: Das Kind sollte erklären können, wie weit es gekommen ist und woran die Fortsetzung scheiterte. Sonst wird ein genervtes „Ich kann das nicht" schnell zur bequemen Ausrede.

45. Karteikarten

Die guten alten Karteikarten haben als Lernhilfe noch lange nicht ausgedient. Auf einer Seite steht die Aufgabe, auf der anderen die Lösung. Oder auf einer Seite ein Begriff, auf der anderen die Definition. Am besten beschreibt das Kind seine Karten selbst, dann lernt es schon beim Schreiben eifrig mit.

46. Lernen trotz Lernstörungen

„Das musst du doch kapieren. Das kann ja wohl nicht so schwer sein. Die anderen schaffen das doch auch." Wenn Eltern sich oft bei solchen Sätzen ertappen, sollten sie aufmerksam sein und ihr Kind genau beobachten. Eventuell leidet es unter einer Lernstörung. Schimpfen oder Ermahnen ist dann zwecklos. Es gibt die Rechenstörung Dyskalkulie oder auch die bekanntere Lese- und Rechtschreibstörung Legasthenie. Auch Wahrnehmungsstörungen oder andere Auffälligkeiten können die Ursache für manche Probleme beim Lernen sein. Der Kinderarzt oder ein Kinder- und Jugendpsychiater können weiterhelfen. Ist eine Lernstörung diagnostiziert, gibt es so genannte Nachteilsausgleiche. Das heißt, dass die betroffenen Kinder spezielle Hilfsmittel benutzen dürfen, die ihre Schwächen ausgleichen können.

47. Vorsicht Multitasking

Es wirkt cool, und viele Leute (Kinder und Erwachsene übrigens gleichermaßen) überschätzen sich, wenn es darum geht, mehrere Medien gleichzeitig zu bedienen. Also Multitasking zu betreiben. Mal eben fix eine Nachricht tippen, während man telefoniert? Einen Text erfassen, während jemand anders spricht? Fernsehgucken und zwischendurch aufs Smartphone linsen? Fast jeder hat es schon einmal gemacht, aber dadurch wird die Sache keinesfalls besser. Gehirnforscher konnten bestätigen, dass wir Inhalte nicht sinnvoll verarbeiten können, wenn wir nebenbei etwas anderes machen, also nicht bei der Sache sind. Beim Wechsel lässt die Konzentration nach. Die Lern-Fähigkeit verschlechtert sich sofort. „Ich brauche aber laute Musik, sonst kann ich nicht arbeiten", sagen Kinder oft. Meist täuschen sie sich da. Es ist zwar möglich, eine Aufgabe vorrangig zu erledigen und im Hintergrund etwas anderes laufen zu lassen, das weniger Aufmerksamkeit erfordert. Doch nur weil es möglich ist, ist es noch nicht gut. Massive Sinnesreize stören beim Lernen. Fazit: Immer wenn die Hausaufgaben gemacht werden müssen, bleiben möglichst alle elektronischen Geräte ausgeschaltet.

48. Selbst entscheiden lassen

Der Trick ist aus der Psychologie bekannt: Sobald jemand in eine Entscheidung einbezogen wird, leistet er weniger Widerstand. Die Frage ans Kind lautet also nicht: „Möchtest du jetzt mit den Hausaufgaben anfangen?", sondern es bekommt eine Wahlmöglichkeit: „Was willst du zuerst machen: Vorlesen oder Mathe?" Sobald das Kind eine Antwort gegeben hat, hat es sich selbst in die Pflicht genommen. Allerdings sollte man bei diesem Lerntipp beachten, dass es nicht zu viele Auswahlmöglichkeiten gibt. Fünf- bis sechsjährige Kinder können zwischen zwei Dingen wählen. Mehr würde sie überfordern. Zwischen sieben und zehn Jahren sind sie schon in der Lage, zwischen mehreren Optionen zu wählen und auch die Konsequenzen zu überblicken.

49. Pause machen

„Jetzt brauche ich aber einmal eine Pause. Mehr kriege ich nicht in meinen Kopf." Das ist nicht nur ein Gefühl. Pause machen ist sinnvoll und notwendig. Studien konnten bestätigen, dass ein Zuviel an Lernen nach hinten losgeht. Fehlt die Pause, werden die Lernfortschritte immer kleiner. Der Transfer vom Kurzzeit- ins Langzeitgedächtnis gelingt am besten in bewussten Pausen. Das gilt übrigens nicht nur für Kinder. Auch Erwachsene profitieren von längeren Lernpausen.

50. Sauerstoff tanken

Zum Glück funktioniert Lernen nicht nur im Sitzen. Bewegung regt die Gehirnzellen an und bringt Lernende auf Trab, wenn sie gerade einen Durchhänger haben. Kinder, die Sport treiben und sich viel bewegen, können deshalb mehr aufnehmen und den Lernstoff besser verarbeiten. Vor allem Bewegung draußen wirkt wie eine Erfrischung. Die Durchblutung wird besser. Das Gehirn bekommt mehr Sauerstoff. Stresshormone werden abgebaut und Glückshormone durchfluten den Körper. Das führt dazu, dass Gehirnzellen sich neu bilden und vernetzten.

51. Spazieren gehen

Diesen Lerntrick wenden Schauspieler häufig an. Wenn sie ihre Texte auswendig lernen müssen, gehen sie dabei im Zimmer auf und ab. Oder sie suchen sich draußen einen Weg, der fürs Lernen besonders günstig ist. Ein solcher „Lernweg" sollte möglichst wenig Ablenkungen und Hindernisse wie Ampeln, Straßenkreuzungen oder unebene Untergründe haben. Das Gehen geschieht wie nebenbei, die Konzentration ist nur auf die Lerninhalte gerichtet.

52. Spickzettel

Beim Test auf einen Mogelzettel spicken? Das ist natürlich nicht erlaubt. Trotzdem sind Spickzettel eine gute Hilfe. Um sie zu schreiben, muss das Kind nämlich einige Leistungen vollbringen. Es muss das Wichtigste erkennen, wiedergeben und auf ein Minimum zusammenfassen. Das heißt, dass das Kind sich schon so viel mit dem Thema beschäftigt hat, dass die Inhalte auch im Gedächtnis gespeichert sind und sich in der Prüfung leicht abrufen lassen. Der Spickzettel kann dann zu Hause bleiben. Er würde die Konzentration nur stören.

53. Eselsbrücken bauen

Geschichtszahlen, Matheformeln, Vokabeln oder Regeln – die guten alten Eselsbrücken (im Fachausdruck Mnemotechnik) gehören zu den Klassikern unter den Lerntricks. Sie sind oft wunderbar einprägsam, lustig, prägnant und so kurz, dass man sie ein Leben lang nicht vergisst. Zum Beispiel:

- Wer nämlich mit h schreibt, ist dämlich.

- Da, wo man redet, schreibt und spricht, vergiss die kleinen Zeichen nicht.

- He, she, it – das s muss mit.

- Sieben, fünf, drei – Rom schlüpft aus dem Ei.

Wer keine Eselsbrücken kennt, wird im Internet fündig. Ob mit Reimen oder beim Singen – wer sich selbst welche ausdenken kann, wird schnell ein Lern-Ass.

54. Kannst du mir das erklären?

Rollenwechsel bitte: „Jetzt wärst du wohl mal der Lehrer." Die Eltern schlüpfen in die Rolle des Kindes, das etwas lernen soll, und bitten ihren Nachwuchs, ihnen bestimmte Inhalte oder Aufgaben zu erklären. Dahinter steckt eine äußerst effektive Lernmethode, die darin besteht, jemandem einen neuen Stoff beizubringen. Dafür muss man ihn natürlich erst einmal selbst verstehen. Nutzen Sie das in der Zusammenarbeit mit Ihrem Kind. Das Lernspiel beginnt damit, dass Sie Ihrem Kind den neuen Stoff erst einmal erläutern. Sobald es ihn verstanden hat, schlüpft das Kind in die Lehrerrolle.

55. Visualisierung

In Bildern denken – mit dieser effektiven Lernmethode werden beide Gehirnhälften angesprochen. Visualisieren bedeutet, dass Inhalte wie zum Beispiel Vokabeln mit einem Bild verbunden werden. So können Kinder sie sich besser einprägen. Hier sind phantasievolle Mädchen und Jungen im Vorteil. Welches Bild assoziiere ich mit einer Situation? Das Kind soll sich seine Bilder möglichst bunt und plastisch vor Augen führen. Gut funktioniert das auch, wenn es zu jeder Vokabel ein Bild malt. Kommen viele zusammen, wird daraus ein Lernposter für die Wand.

56. Ich kann das besser alleine

Je früher Kinder ihre Hausaufgaben ganz alleine schaffen, desto besser ist es. Die Eltern dürfen in den ersten Schuljahren aber trotzdem Hilfe zur Selbsthilfe leisten. Spätestens ab der Mittelstufe sollten Kinder es alleine können. Zumal sie dann mit Unterrichtsstoffen konfrontiert werden, die die Eltern nicht unbedingt beherrschen. Führt das Lernen zu Hause immer wieder zu Konflikten, ist es meist besser, externe Helfer in Form von Nachhilfelehrern zu engagieren.

57. Digitale Lernhilfen

Kinder sind geradezu versessen auf alles, was digital mit bunten Bildern daherkommt. Das lässt sich auch fürs Lernen nutzen. Ob Rechen- oder Schreibspiele, Filmchen oder Apps – verteufeln Sie nicht alles, was vom PC oder vom Smartphone kommt. Statten Sie Ihr Kind mit guten digitalen Lernhilfen aus. Natürlich sollten Sie im Blick haben, dass das Kind nicht nur herumdaddelt und behauptet, dass es lernt, sondern dass es die Lernsoftware tatsächlich nutzt. Umfragen bestätigen, dass fast die Hälfte aller Kinder am liebsten mit PC, Tablet oder Smartphone lernt.

58. Wiederholung leicht gemacht

Wiederholen von Lerninhalten gehört zu den bekanntesten Lernmethoden. Doch Kinder zum puren Einpauken zu motivieren, ist oft schwierig. Es dauert sehr lange, bis etwas sitzt, wenn das Kind es nicht verinnerlicht hat. Deshalb funktioniert das Wiederholen nur in Maßen. Etwas mehr Spaß macht es, wenn das Kind sich dabei bewegen darf. Zum Beispiel ein Gedicht aufsagen oder ein Lied singen, während es auf einer Matratze hüpft oder durch die Wohnung marschiert.

59. Eigenständig wiedergeben

Wenn es gelingt, Kinder zu motivieren, Inhalte eigenständig wiederzugeben, fangen sie an, sich das Gehörte oder Gelesene selbst zu erarbeiten. Sie brauchen zwar etwas länger, doch dafür verstehen sie besser, was zu tun ist, können die Inhalte sicherer wiedergeben – und haben sie damit gelernt. Zum Beispiel beim Vokabeln lernen: Je mehr das Kind sich anstrengen muss, desto effektiver arbeitet es, ergab eine Studie der Universität Regensburg. Sich mehr anzustrengen, heißt in diesem Fall: Nicht einfach eine Vokabel mit ihrer Übersetzung anzugucken und versuchen, sie auswendig zu lernen, sondern nur das deutsche Wort anzusehen und es dann in der fremden Sprache aufzuschreiben.

60. Gemeinsam geht es leichter

Unterstützen Sie Ihr Kind dabei, Gleichgesinnte zu finden. Denn in der Dynamik einer Gruppe geht manches einfacher. Außerdem macht es vielen Kindern mehr Spaß, in einer Lerngruppe zu arbeiten. Am besten schließen Kinder sich selbst zusammen, die ihre Stärken in verschiedenen Fächern haben. Der eine ist besser im Rechnen, der andere beim Lesen und Rechtschreiben. Man hilft sich gegenseitig. Ältere Schüler finden sich in der Regel allein zusammen; bei den Jüngeren können die Eltern noch helfen. Die Gruppe muss sich nicht täglich treffen, aber ein fester Termin – zum Beispiel einmal in der Woche – sollte vereinbart werden. Ein angenehmer Nebeneffekt: Beim Lernen in der Gruppe wird auch das Miteinander trainiert. Teamwork ist in der Schule, an der Uni und im Beruf heute wichtiger denn je.

Die Autorin
Stephanie Albert hat sich nach Studium und Journalistenausbildung als freie Autorin auf Familien- und Erziehungsthemen spezialisiert. Sie schreibt seit vielen Jahren – oft in Zusammenarbeit mit Erziehungswissenschaftlern – Artikel und Buchbeiträge zu pädagogischen Themen.

Hinweis
Das Werk einschließlich aller Inhalte ist urheberrechtlich geschützt. Alle Rechte vorbehalten. Nachdruck oder Reproduktion (auch auszugsweise) in irgendeiner Form (Druck, Fotokopie oder anderes Verfahren) sowie die Einspeicherung, Verarbeitung, Vervielfältigung und Verbreitung mit Hilfe elektronischer Systeme jeglicher Art, gesamt oder auszugsweise, ist ohne ausdrückliche schriftliche Genehmigung des Urhebers untersagt. Alle Übersetzungsrechte vorbehalten. Die Ratschläge dieses Buches sind von der Autorin sorgfältig geprüft. Sie kann jedoch keine Garantie geben und schließt jede Haftung für Personen-, Sach- und Vermögensschäden aus.